LOTHAR VOGEL
SONNENGESÄNGE DER MENSCHHEIT

OGHAM BÜCHEREI

5

Lothar Vogel

Sonnengesänge der Menschheit

Die Sonne im Leben der Völker

OGHAM VERLAG STUTTGART

Einbandgestaltung von Christiane Lesch
und Lotte Boelger-Kling (Schrift)

2. Auflage 1984

Satz: Hermann Weyhing, Stuttgart
Druck: Johannes Illig, Göppingen
ISBN 3-88455-005-5

INHALTSVERZEICHNIS

EINLEITUNG

Was weißt du von der Sonne?

Wir alle wissen unmittelbar, daß *die Sonne* im umfassendsten Sinne unser Leben, das Leben der Pflanzen und Tiere, das Leben der ganzen Erde trägt und hält und durchpulst. »Unser Verstand ist noch so beschränkt, daß wir gewisse Gegenstände bloß a posteriori (= nachträglich) annehmen und darauf bauen müssen; *so verhält es sich mit der Sonne, so auch mit den Augen,* wir wissen es, daß wir sie haben, wir bemerken die Wirkungen, und kein Mensch wird ergründen können, wie diese hervorgebracht werden und woraus die Sonne besteht« (Goethe an J. S. Grüner, 28. 7. 1821).

Wie klein ist alles, was der Verstand von der Sonne sagt: Ihre physikalischen Eigenschaften, Größe, Temperatur, ihr Kern, ihre Korona, die Sonnenflecken, ihre Bewegung im Kosmos und das Kreisen der Erde um die Sonne – all diese Aussagen suchen die Sonne von irdischen Maßen her zu ermessen und zu begreifen, aber die Sonne bleibt unbegreiflich, weil sie ein unbegrenztes Seinserleben in uns weckt – als Größtes und Höchstes alles umfaßt, was wir verstehen, fühlen, ahnen können.

Daher wird die Sonne zum Symbol alles Höchsten und Vollkommensten:

Symbol
des Lebens,
des Herzens
der Liebe,
des Augenlichtes,
des Geistes,
der Gottheit.

Von diesem allumfassenden Sonnenerleben her wird es verständlich, daß ein Kulturvolk wie das der Hellenen mit der Sonne das höchste Gotteserleben verbindet, das nicht mit einem Namen allein beschrieben werden kann, sondern wozu drei Gottesnamen und ein ganzer Reigen von Lichtgottheiten ihr Wesen verkünden:

Hyperion
Helios
Apollon.

Was die Menschheit an der Sonne erlebt hat, spricht sich in Hymnen und Naturgedichten aus, die von der Einheit künden, die vor der Trennung von Kunst, Religion und Wissenschaft bestand. Die Sonnenlieder stehen im Mittelpunkt der Dichtung der frühen Menschheit.

Merkwürdig ist es, daß es Kulturen, Völker und Religionen gab, deren Verehrung sich schon früh – im Zählen und Messen dem Monde und damit schon einem kühlen wissenschaftlichen Verstande zugewendet haben; wir könnten

Sonnen- und Mondkulturen unterscheiden. Empfindung, Gefühl und Erkenntnis werden anders vom Mondeserleben, als vom Sonnenerleben erweckt.

Höchste Geistigkeit strahlt vom Sonnenerleben der Ägypter aus, es gipfelt im *Sonnengesang des Echnaton,* der schon an ein modernes Ichbewußtsein anklingt. Desgleichen erheben uns die Licht- und Feuerhymnen Zarathustras zu einer Geistigkeit, die im Persertum über die Welt Gerechtigkeit und Ordnung verbreitete.

Die Licht- und Sonnengesänge der Griechen leiten von religiös-prophetischem Erleben der Sonnengottheit unmittelbar in das Erkenntniserleben der Philosophie herüber (Parmenides). Die Logosphilosophie ist Sonnenerkenntnis. Diese Sonnenerkenntnis gipfelt in der Endzeit des Hellenismus, in der christlichen Gnosis.

Christus erscheint als Sonnenwesen, das sich mit der Menschheit verbindet, das im Herzen des Menschen auferstehen kann.

Das Kelten- und Germanentum verinnerlicht dieses Sonnenerlebnis, das dann zuletzt in den Sonnen-Naturgedichten Goethes eine erneute Steigerung erfährt, bis zur abschließenden Sonnenschau Rudolf Steiners, mit der unsere Sammlung schließt.

Bad Boll, Michaeli 1982 Lothar Vogel

1
AEGYPTEN

Alles Licht hat seinen Quell in der Sonne. So ist die Verehrung der Sonne das große Gemeinsame der theokratischen Hochkulturen des alten Orients. Allerorts wird die höchste Gottesmacht verehrt.

Zu kämpfen schreitet der himmlische Geist.
Ordnend und weihend zieht der Sonnengott seine Bahn.
Licht aussendend wandelt die Sonne dahin,
Licht entsendend vollbringt sie ihre Bahn

(auf einem Skarabäus).

Die Geometrie der ältesten Architekten der Menschheit ist Sonnengeometrie und erscheint in den Bauten der Ägypter in Pyramiden, Tempeln und in den Lichtsäulen der Obelisken selber wie kritalliertes Licht.

So weiht ein Pharao den »Sonnenstein« dem Gotte Ra:

Der Sohn der Sonne, welcher den Menschen das Leben gibt,
Der König Sonne, welcher der Welt geschenkt ist,
Der Herr des oberen und unteren Reiches,
Der von den Geistern der reinen Gegend geliebt wird,
Der ewig lebt und Leben gibt,
Der das Leben der Menschen ist –

MORGENLIED AN HORUS, SONNENGOTT

Du erwachst in Frieden, Gereinigter – in Frieden.
Du erwachst in Frieden, östlicher Horus – in Frieden.
Du erwachst in Frieden, östliche Seele – in Frieden.
Du erwachst in Frieden,
horizontischer Horus (Harachtes) – in Frieden.

Du schläfst in der Nachtbarke,
du erwachst in der Tagesbarke,
denn du bist der, der über die Götter hinwegblickt,
kein Gott blickt über dich hinweg (?).
Vater des N.N., nimm ihn mit dir
zum Leben bei deiner Mutter Nut.

Ihm werden die Tore des Himmels aufgetan,
ihm werden die Tore des kühlen Himmelswassers
aufgetan.
Wenn er zu dir kommt, damit du ihn belebst,
dann befiehl, daß er sich (im Sonnenschiff)
an deine Seite setze
neben den Morgenstern im Horizont.

aus Pyramidentexten des 3. Jahrtausends v. Chr.
(24)

AUS DEM SONNENGESANG DES ECHNATON

Du erstrahlst so schön im Lichtberg des Himmels,
Du lebendige Sonne, die zuerst zu leben anfing.
Du leuchtest auf im östlichen Horizont
Und erfüllst alle Lande mit deiner Schönheit.
Du bist schön und gewaltig, glänzend
    und hoch über allen Landen.
Deine Strahlen umarmen die Länder
    bis zum letzten Ende deiner Schöpfung.
Du bist fern, und doch sind deine Strahlen
    auf der Erde.
Du bist im Angesicht der Menschen,
    und doch kann man deinen Weg nicht sehen.
Gehst du zur Rüste am westlichen Horizont,
So ist die Welt in Finsternis wie im Tode:
Die Schläfer sind in der Kammer, die Häupter verhüllt,
Nicht kann ein Auge das andere sehen.
Jedes Raubzeug kommt hervor aus seiner Höhle,
Und alles Schlangengewürme beißt.
Die Welt liegt in Stille, denn der sie schuf,
    ist zur Ruhe gegangen.
Im Morgengrauen aber leuchtest du wieder auf
    und glänzest aufs neue als Sonne am Tage.
Es weicht die Finsternis,
    sobald du deine Strahlen spendest,
Die Länder sind in Festesstimmung,

Die Menschen erwachen und stellen sich auf die Füße:
Du hast sie sich erheben lassen.
Sie waschen ihren Leib, sie nehmen die Kleidung,
Ihre Hände erheben sich in Anbetung,
weil du erschienen bist.
Die ganze Welt tut ihre Arbeit.
Alles Vieh labt sich an seinem Kraute,
Bäume und Pflanzen grünen;
Die Vögel fliegen aus ihrem Neste,
Ihre Flügel erheben sich in Anbetung für dich.
Alles Wild hüpft auf den Füßen,
Was da kreucht und fleucht,
Sie leben, da du ihnen aufgeleuchtet bist...
Wie zahlreich sind doch deine Werke!
Sie sind verborgen vor dem Angesicht der Menschen.
Du einziger Gott, außer dem es keinen andern gibt,
Du hast die Erde geschaffen nach deinem Sinn,
Du einzig und allein,
Mit Menschen, Herden und allem Getier.
Die Fremdvölker, Syrien und Äthiopien
und das Land Ägypten...
Du hast den Himmel gemacht fern von der Erde,
Um an ihm zu erstrahlen,
Um alles, was du, einzig du, erschaffen hast, zu sehen.
Wenn du aufleuchtest in deiner Gestalt
als lebendige Sonne
Strahlend und glänzend, fern und doch so nah.

Du machst Millionen Gestalten aus dir, dem EINEN,
Städte, Dörfer, Äcker, Wege und Ströme.

Echnaton, Ägypten 15./12. Jh. v. Chr.
(Übersetzer Junker)
(16)

AUS DEM KLEINEN HYMNUS AN ATON

Schön erstrahlst du, lebender Aton, Herr der Ewigkeit!
Du bist glänzend, licht und stark,
Deine Liebe ist groß und gewaltig.
Deine Strahlen werden die Augen aller deiner
Geschöpfe schaffen,
Deine Haut ist weiß und belebt die Herzen.
Du hast die beiden Länder mit deiner Liebe gefüllt,
Du herrlicher Gott, der sich selbst gebaut und jedes
Land geschaffen hat,
Der schuf, was darauf ist an Menschen,
großen und kleinen Tieren,
Und allen Bäumen, die auf dem Boden wachsen.
Sie leben, wenn du für sie aufgegangen bist.
Du bist Mutter und Vater für die, deren Augen du
gebildet hast;
Wenn du aufgehst, sehen sie durch dich.
Deine Strahlen erhellen die ganze Erde.

Jedes Herz jauchzt bei deinem Anblick, wenn du
erstrahlst als ihr Herr.

Gehst du unter im westlichen Himmelshorizont,
So liegen sie wie die Toten;
Ihre Häupter sind verhüllt,
Bis du aufgehst am Morgen im östlichen
Himmelshorizont.

Dann sind ihre Arme in Verehrung erhoben
vor deinem Ka,
Denn du hast die Herzen durch deine Schönheit
aufs neue belebt.
Man lebt, sobald du deine Strahlen gesendet hast.

(24)

LIED AN DIE MORGENSONNE

Preis dir, Re, der du aufgehst,
Im Himmelsocean Nut
Und die beiden Länder erhellst,
Wann du hervorkommst.
Dich preist die Neunheit, insgesamt.
Knabe, schöner, geliebter.
Bei deinem Aufgang
Beginnen die Menschen zu leben.

Zu dir jubelt die Menschheit,
Zu dir die fühlenden Seelen,
Zu dir Heliopolis Götter,
Die Paviane und alles Getier,
Zu dir, Verehrung und Lob.

Die Schlange,
Das Diadem deiner Stirn,
Schreckt deine Feinde.
Du jubelst in deinem Schiff,
Freude der Ruderer.
Die Morgenbarke nimmt dich auf.

Herr aller Götter,
Du freust dich deiner Geschöpfe,
und deine Geschöpfe,
Sie preisen dich!
Bei dir die blaue Flut
Der Himmelskönigin.

Erleuchte mich,
Daß ich in Ferne und Nähe
Dein Licht,
Deine leuchtende Schönheit
Schaue.

(9)

LIED AN DIE ABENDSONNE

Preis dir, Re,
Der du untergehst!
Preis dir, Atum,
Sonne der Nacht!
Preis dir, Harachti,
Sonne von Heliopolis!
Du göttlicher Gott,
Der sich selbst erschuf,
Urgott von Anbeginn!

Du Schöpfer der Götter,
Du wölbtest den Himmel
Zur Bahn deiner Augen:
Sonne und Mond.
Der du die Erde erschufst,
Spiegel des Glanzes,
In dem ein jeder den andern erkenne –
Wir jauchzen zu dir.

(9)

2
BABYLON

In den Kulturen Mesopotamiens, zwischen den beiden lebenspendenden Strömen, erhebt sich das Priestertum auf höchste Höhe. Ihr Tempeldienst vollzieht sich auf dem Gipfel ihrer Tempeltürme, die selber Bilder der ganzen Welt sind, wo der Glanz der Sonne und die Weisheit der Sterne verehrt wird.

HYMNE AUF DEN SONNENGOTT

Herr, der die Finsternis erleuchtet,
der das Antlitz der Menschen öffnet,
barmherziger Gott,
der den Gebeugten aufrichtet,
schützt den Schwachen,
die Götter der Erde allzumal
schauen Dein Antlitz!
Die Zungen aller Welt
lenkst Du in gleicher Weise;
erhoben sind ihre Häupter,
schauend das Licht der Sonne;
sobald Du erscheinst,
sind sie voll Freude und Jauchzen.
Der weiten Erde Augenziel bist Du;
Dich schauend freuen sich
die zahlreichen Menschen.

(Babylon, 7. Jhdt. v. Chr.)
(10)

Dicht war die Finsternis,
Es gab keinen Schimmer von Licht.
Nicht läßt die Dunkelheit sehen,
Was vor ihm liegt und was hinter ihm liegt.
Neun doppelte Stunden hat er vollendet,
Da fühlt er den Nordwind,
Das Dunkel läßt nach, das Licht ist nahe!
Die Schlucht wird breiter, er sieht
Den ersten Schimmer der Sonne.
Zwölf Doppelstunden vollendete er,
Da wurde es helle.
Und das Licht des vollen Tages
Umfing ihn wieder.

Gilgamesch sagt zu ihm,
Zum hehren Schamasch:
»Über die Steppe bin ich gezogen
Im Elend der Einsamkeit,
Ein Stern nach dem andern ging unter,
Und alle Jahre lag ich nachts
Auf dem öden Felde.
Nicht Sonne, nicht Mond,
Keine Sterne erschienen mir
In dem finstern Hohlweg.
Laß meine Augen dich sehen, Sonne,
Daß ich mich sättige
An deiner schönen Helle!

Die Finsternis ist vergangen und ferne,
Die ganze Fülle des Lichts umgibt mich wieder.
Wann dürfte wohl der Sterbliche
Schauen ins Antlitz der Sonne?
Soll nicht auch ich
Das Leben suchen
Und das Leben finden für alle Tage?

Georg E. Burckhardt (aus dem Gilgamesch-Epos)
(5)

GANG DER SONNE, GANG DES MENSCHEN

»Sieh dir an den Menschen, der da geht,
Nicht wie ein Greis und nicht wie ein Kind,
Der da geht als ein gesunder
Und nicht als ein Kranker,
Der da nicht zu schnell läuft
Und nicht zu langsam schreitet,
Und du wirst sehen das *Maß des Sonnenganges*.

R. Steiner (Babylonischer Text)
(30)

3

HETHITER – PALÄSTINA

Des Himmels Sonnengott, der Menschheit Hirte!
Du steigst aus dem Meer empor, des Himmels Sonne!
Hinauf zum Himmel wandelst du dahin.
Des Himmels Sonnengott, mein Herr!
    Dem Menschenkind,
Dem Hund, dem Schwein, dem wilden Tier des Feldes
Sprichst Recht du, Sonnengottheit, Tag für Tag!

Aus dem Ritual des Hethiterkönigs Muwatallis (um 1300 v. Chr.) (8)

ISRAELITISCHER HYMNUS

Der Himmel verkündet die Herrlichkeit Gottes,
Seiner Hände Werk preist das Gewölbe,
Der Tag erzählt dem Tag die Kunde,
Die Nacht vertraut die Sage der Nacht.

Keine Sage ist's und keine Kunde,
Deren Schall man nicht vernähme, –
Durch die ganze Erde geht aus ihr Hall,
Am Ende der Welt tönt ihr Ruf,
Dort wo ihr Zelt die Sonne hat.

Und sie tritt wie ein Bräutigam aus der Kammer,
Freut sich wie ein Held zu laufen die Bahn,
Am Ende des Himmels ist ihr Aufgang,
Sie zieht ihren Kreis zum anderen Ende,
Und es birgt sich nichts vor ihrer Glut.

(7)

4

PERSIEN

Im Hochland von Iran begegnet uns die Sonnengottheit kämpfend mit Finsternis, Sturm und Winterkälte Ahura-Masdao gegen Ahriamainu. An diesen Kampf knüpft sich das Erlebnis von Gut und Böse, Tag und Nacht, Reinheit und Unreinheit, Wahrheit und Unwahrheit. Der Mensch steht in tätig kämpferischer Entscheidung. Zarathustra ist der priesterliche Führer der iranischen Kultur. Das Licht wird in der Sonne und in ihrem Abbild, dem reinigenden Feuer verehrt:

Weise Sprüche des Allweisen mach' ich kund den Nahenden,
Lobgesänge des lebend'gen, Gottesdienst des guten Geistes;
Hehrer Wahrheit Aufgang seh ich steigend aus der Flamme wehn.
Geister zwei, gesund, eignen Wesens, Zwillingspaar von Anbeginn,
Herrschen sie, das Gut und Böse in Gedanken, Wort und Tat.
Zwischen beiden müßt ihr wählen: drum seid gut, dem Bösen Kampf.
Wählet! Ärgstes Los erküret, wer den Bösen Lügner wählt;
Wer erkürt Ahuramasda, der allheilig ist und wahr,
Ehret gläubig ihn durch Wahrheit, ehrt durch heilge Taten ihn.

AHURA-MASDAO

Der uranfänglich durch sein eignes Licht
Der Himmelslichter Menge ausgesonnen hat,
Durch seine eigne Einsicht schaffet er
Das Wahre, das der Grund des guten Sinnes ist.
Dies lässest du gedeihen, weiser Geist,
Der du derselbe bleibest, Unvergänglicher.

Dich, den Allweisen, den Ursprünglichen,
Dacht' als den Herrn des Geistes ich wie der Natur,
Mit Geistesblick hab ich dich ja erschaut,
Und als des guten Sinnes Vater dich erkannt,
Als den, der Wesenheit des Wahren ist,
Als Lebensschöpfer, als lebendig Wirkender.

Es ruht in dir die heil'ge Erde stets,
In dir, deß Weisheit ihren Leib so schön geformt.
Lebend'ger, Weiser, auf den rechten Pfad,
Den du ihr uranfänglich angewiesen hast,
Vom Landmann kommt zum Landmann segen-
spendend sie
Und gehet dem vorbei, der sie nicht baut.

(7)

ZARATHUSTRA

Die mächtige, die königliche Verheißung tragende
Sonnen-Äther-Aura, die gottgeschaffene,
Verehren wir im Gebet,
Die übergehen wird auf den siegreichsten der Heilande
Und die anderen, seine Apostel,
Die die Welt vorwärtsbringt,
Die sie überwinden läßt Alter und Tod,
O Sonne, der Wahrheit Antlitz ist verhüllt von deiner
Goldenen Scheibe. Entferne sie,
Auf daß ich Wahrheitssucher
Der Wahrheit Herrlichkeit erblicken kann.

Upanischad Ischa
(2)

PERSISCHER SPRUCH

Trage die Sonne auf die Erde.
O Mensch, du bist zwischen Licht
Und Finsternis gestellt,
Sei ein Kämpfer des Lichtes.
Liebe die Erde in einem leuchtenden Edelstein.
Verwandle die Pflanze, verwandle die Tiere,
Verwandle dich selbst.

SONNE UND MORGENRÖTE

Schall, o Trommel, hall o Flöte! Allahhu!
Wall im Tanze, Morgenröte! Allahhu!
Lichtseel im Planetenwirbel, Sonne, vom
Herrn im Mittelpunkt erhöht! Allahhu!
Herzen! Welten! eure Tänze stockten, wenn
Lieb im Zentrum nicht geböte, Allahhu!
Unsres Liebesreigens Leiter reicht hinauf
Über Sonn und Morgenröte, Allahhu!
Rausche, Meer, am Fels im Sturme, Gottes Preis!
Nachtigall, um Rosen flöte Allahhu!
Seele, willst, ein Stern, dich schwingen um dich selbst,
Wirf von dir des Lebens Nöte, Allahhu!
Wer die Kraft des Reigens kennet, lebt in Gott,
Denn er weiß, wie Liebe töte, Allahhu!

Ums reine Licht hab ich die Flamme liebgewonnen,
Ums goldene Schwert hab ich die Schramme lieb-
gewonnen.
Aus Liebe zu dem Hirten, der mein Leben weidet,
Hab ich das Glöcklein an dem Lamme liebgewonnen.
Ich hab aus Liebe zu der milden Frucht am Baume
Das rauhe Moos an seinem Stamme liebgewonnen.
Ich hab um deiner jugendlichen Schönheit willen
Das welke Alter deiner Amme liebgewonnen.

Weil mir der Duft des Lebens haucht aus deinen
Locken,
Hab ich den toten Bux am Kamme liebgewonnen.
Ich habe, weil die Perle ruht am Meeresgrunde,
Das Körnlein Sand am Meeresdamme liebgewonnen.
Weil Tau zu Liebesschminke wird im Rosenantlitz,
Hab ich das Tröpflein Flut im Schlamme
liebgewonnen.

Dschelal-eddin-Rumi
(10)

ANBETUNG

Ich sah empor, und sah in allen Räumen Eines,
Hinab ins Meer, und sah in allen Wellenschäumen
Eines.
Ich sah ins Herz, es war ein Meer, ein Raum der
Welten,
Voll tausend Träum', ich sah in allen Träumen Eines.
Du bist das Erste, Letzte, Äußre, Innre, Ganze;
Es strahlt Dein Licht in allen Farbensäumen Eines.
Du schaust von Ostens Grenze bis zur Grenz im
Westen,
Dir blüht das Laub an allen grünen Bäumen Eines.
Vier widerspenst'ge Tiere ziehn den Weltenwagen;
Du zügelst sie, sie sind an Deinen Zäumen Eines.

Luft, Feuer, Erd' und Wasser sind in eins geschmolzen
In Deiner Furcht, daß Dir nicht wagt zu bäumen Eines.
Der Herzen alles Lebens zwischen Erd' und Himmel,
Anbetung Dir zu schlagen soll nicht säumen Eines!

Dschelal-eddin-Rumi
(10)

LICHT

Licht, vom Himmel flammt es nieder,
Licht, empor zum Himmel flammt es;
Licht, es ist der große Mittler
Zwischen Gott und zwischen Menschen.
Als die Welt geboren wurde,
Ward das Licht vorangeboren,
Und so ward des Schöpfers Klarheit
Das Mysterium der Schöpfung;
Licht verschießt die heil'gen Pfeile
Weiter immer, lichter immer,
Ahriman sogar, der dunkle,
Wird zuletzt vergehen im Lichte.

August von Platen
(22)

5

INDIEN

Als Kultur ist die indische zu den ältesten Kulturen der Menschheit zu zählen. In ihrer Religion, in ihrem Mythos, in ihrer uralten Philosophie zeichnet sie sich durch ihre Götter- und Himmelsnähe aus. Zu dem kosmischen Himmelsschoß sehnt sich die indische Menschheit zurück. Dagegen war ihr von Anfang an die irdische Existenz ein Gegenstand des Zweifels – nur das göttliche Sein in seiner Vielgestalt war Wirklichkeit und Gewißheit.

Die Schöpfung bleibt Maja. Die höchste Gottheit Indra, Weltschöpfer, Lebensspender (in der Regenflut, im Gewitter), ist auch der Schöpfer der Morgenröte und des Sonnenlichtes.

AN BRAHMA

In deinem Lichtleib, Herr! erblick ich alle Götter
Und der lebend'gen Wesen großes Heer;
Brahma, den Herrn im Lotuskelche sitzend,
Und alle Weisen und die Götterschlangen.

Mit vielen Armen und unzähligen Brüsten
Und Augen, seh' ich dich Unendlicher.
Da ist kein Anfang, Mitte oder Ende.
Von dir, o Herr, du Allumfassender!

Du trägst die Krone, Stern' und Himmelsstraßen,
Ein Meer von Glanz, nach allen Seiten strahlend.
Es blendet mich dein Licht, das sonnengleich
Nach jeder Richtung seine Strahlen sendet.

Du bist der eine, du das höchste Ziel
Der Selbsterkenntnis und das Herz des Alls,
Der Hüter des unsterblichen Gesetzes,
Der ew'ge Grund von allem was da ist.

Ohn' Anfang, ohne Mitte, ohne Ende,
Ewig in deiner Kraft und deinem Tun;
Die Sonne und der Mond sind deine Augen,
Es glänzt dein Angesicht wie Feuerschein.

Du füllst den Weltenraum mit deinem Licht,
Und deine Liebe wärmt das ganze All,

Denn alle Himmel und die Weltregionen
Sind voll von dir und deiner Herrlichkeit.

Und zeigst du dich in deiner Schreckgestalt,
So zittern die drei Welten, es entflieh'n
Die Götter, und der Rischi Scharen sprechen,
Die Hände faltend: »Großer! Heil sei dir!«

Bhagavadgita
(Sang XI)
(10)

UPANISCHAD ISCHA

O Sonne, der Wahrheit Antlitz ist verhüllt
von deiner goldenen Scheibe.
Entferne sie,
auf daß ich Wahrheitssucher
der Wahrheit Herrlichkeit erblicken kann.

(2)

DIE MORGENRÖTE

Strahlend kommt sie gleich dem jungen Weibe,
Weckt zum Tagewerke die Lebend'gen;
Feuer zünden wir auf dem Altare,
Und ihr Licht verscheucht die Finsternisse.
Wie sie wächst in Schönheit, glanzgekleidet,
Sie die Glückliche! Sie bringt des Gottes
Auge, bringt das Roß, das sonnenhelle,
Ihre Schätze spendend allerwegen.
Tagespforten hat sie aufgeschlossen,
Lehrt uns wieder des Gebetes Worte.
Seit wann kommst du doch uns zu besuchen?
Die du heute scheinst, du ahmest jene
Nach, die uns zuvor geleuchtet haben,
Und dir folgen die zum Heil uns leuchten werden.
Menschen, die die frühern Morgenröten
Glänzen sahn, sie sind gestorben, sterben
Werden die die heut'gen sehn, die Morgenröten
Selbst sind ewig! Kennt die Göttin doch kein Alter,
Kommt in frischer Jugend immer wieder,
Trägt der Sonne goldne Strahlenfahne.
Bring herbei das Schöne, Menschenfreundin,
Du der Götter Mutter, Aug' der Erde,
Opferbotin, aller Wesen Wonne,
Gib uns Heil, und segnet uns ihr Ew'gen.

(7)

6
GRIECHENLAND – HELLAS

– eine Kultur im vollsten Ätherglanz:
»Fröhliche Menschen,
sie strahlen von Dir,
unsterblicher Äther.«

Ein neuer Höhepunkt des Sonnenerlebens und des Lichtbewußtseins, das in der Logoslehre gipfelt, das in der Entdekkung des Menschenbildes sich vor allen Kulturen auszeichnet. Im Lichte des Apollinischen Erlebens kann gesagt werden:

»Der Gott war zum Menschen geworden, um den Menschen zum Gott zu erheben. Man erblickte die höchste Würde und ward für die höchste Schönheit begeistert.«

Goethe

AN DIE SONNE
(Ein Morgengesang)

Feire ringsum, hoher Äther!
Und ihr Täler und ihr Berge,
Erd und Meer und Lüfte schweiget!
Schweigt ihr Vögel, schweig o Echo,
Denn zu uns wird Phoibos nahn,
Der lockige Sänger.

O du der holden Aurora
Vater, der ihren rosigen Wagen
Mit dem Flügeltritt der Rosse verfolgt.
Frohlockend im goldenden Haar
Den unendlichen hohen Himmel hinan:
Um dich windend den vielgelenkigen Strahl,
Lenkst du den güterreichen Glanzquell
Rings um die ganze Erde,
Und Ströme ambrosischen Feuers
Bringen von dir uns her den lieblichen Tag.
Der schöne Chor der Sterne tanzt
Am Olympos dir, dem Könige, Reihentanz,
Anstimmend dir sein heiliges Lied,
Entzückt vor der Phoibëischen Leier Klang;
Indeß von ihnen her die blasse Selene
Anführt den frühen Chor,
Bespannt den Wagen mit weißer Stiere Gespann.

Er aber freut in seinem Gemüt sich hoch
Und eilt hinüber die vieldurchpfadete Welt.

Mesomedes
(übersetzt von Johann Gottfried Herder)
(9)

AN DEN ÄTHER
(Orphischer Hymnus)

Heiliger Äther, ich bete dich an, du aller Gestirne
Schwingende Kraft, die sie hält und bezähmt
    [und] mit lebendem Feuer
Anhaucht. Mächtiger Gott, du aller lebenden Atem,
Kraft und Geist und Sinn und Gemüt
    und unsterbliches Wesen!
Blume der Schöpfung, du Glanzaussenderin,
    die die Gestirne
Leuchten macht, die Sonne, den Mond
    und die Blüte der Erde,
Fröhliche Menschen, sie strahlen von dir,
    unsterblicher Äther.

Johann Gottfried Herder
(23)

AN DAS LICHT
(Orphischer Hymnus)

Erstgeborener, du, der aus dem Eie der Nacht sich
Hoch in den Äther schwang und droben auf goldenen Flügeln
Regend erfreuet; o du, der Götter und Menschen erweckte:
Licht! o du mächtiger, zarter, du vielbesungner, und dennoch
Unaussprechlich; geheim, und allenthalben im Glanze
Strahlend. Du nahmest die Nacht von unserem geschlossenen Auge,
Als du den hohen und heiligen Strahl fern über die Welt hin
Wälztest und mit der Stille des Lichtstrahls mächtig ertöntest.
Weltenkönig! du weithinschauender Erden-umleuchter,
Vielratschlagender, vielaussäender, glänzender Weltsproß.
Sprieße den Völkern Glück, und säe Strahlen und sende
Licht auf alle geschlossenen Augenlider, und sende
Leben hinab, du Zweigestaltiger, Licht und die Liebe.

übersetzt von Joh. Gottfr. Herder
(11)

FAHRT DES SONNENWAGENS

Allbereits treibt den glänzenden Wagen
Der Gott des Tages am Himmel herauf;
Die Sterne vom Feuer des Äthers verscheucht,
Fliehn in die heilge Nacht.
Schon rollt das flammende Rad
Über Parnassus unersteigliche Spitzen,
Ihr Lichtglanz meldet der Erde den Tag.
Schon wirbelt der saftlosen Myrte Rauch
Zum hohen Giebel des Tempels empor,
Und auf dem heiligen Dreifuß sitzt
Die Priesterin, den Hellenen
Mit mächtiger Stimme verkündend,
Was der begeisternde Gott ihr flüstert.

Euripides
(übersetzt von Christian Martin Wieland)
(9)

DER DELPHISCHE PRIESTER JON

Siehe! Mit leuchtendem Viergespann
Glänzt Helios über die Erde schon.
Die Sterne fliehn vor des Himmels Glut
In heilige Nacht.
Parnassos' unbetretene Höhn
Erstrahlen im Licht, berührt vom Tag,
Der für die Sterblichen anbricht.
Dorrender Myrrhe Duft steigt auf
Zu Phoibos' Gebälk.
Auf heiligem Dreifuß thront und singt
Den Griechen die delphische Frau den Spruch,
Mit dem Apoll sie umtönte.
Ihr Delpher! Phoibos' Gesinde, auf!
Zieht hin zur silbern schimmernden Flut
Kastalias', netzt im reinen Tau
Die Glieder, dann steigt zum Tempel hinan,
Weiht frommer Rede den Mund, und nahn,
Die fragen um Rat,
So spendet ihnen Worte des Heils
Von angemessener Zunge!

Aus Euripides' Jon,
(deutsch von Emil Staiger)
(13)

7

SONNE – WELTENLOGOS HYMNEN DER GNOSIS

»Ich bin das Licht der Welt«

(Johannes 8,12)

SONNE, GLEICHNIS DER SOPHIA

Wie das Musikalische durch die Musik und das in jeder Kunst Gelegene durch die betreffende Kunst angeeignet wird, so wird das Weise durch die Sophia wahrgenommen. Diese Sophia ist nicht nur ... das Organ, mit dem das Licht gesehen wird, sondern sie sieht sich auch selbst. Sie ist das Urbild des Lichtes. *Die Sonne ist ihr Gleichnis und Abbild.*

Philo von Alexandrien
(18)

KEPHALAIA

Die Sonne ging auf, als in der Versammlung
Der Bote, der ausgesendete Lehrer
Zu seinen Jüngern sich sprechend wandte.

Da sprach er über die Größe der Sonne,
Über die Sonne, die große Gottheit,
Über das Urbild der leuchtenden Sonne,
Die Wesensgestalt urerster Größe.

Er sprach und offenbarte den Jüngern:
Die Sonne, sie ist das Lichttor des Lebens,
Das Fahrzeug des Friedens zum Äon des Lichtes.

Aber der Satan, der dieses wußte,
Wollte das Tor der Seelen verschließen,
Er gab den Völkern strenge Verordnung,
Daß keine Seele die Sonne ehre,
»Denn wer sie verehrt – so sagt er – muß sterben.«
Und nannte sie das verderbliche Licht.
Dann hinderte er die schwankenden Seelen,
Ihr Antlitz empor zum Licht zu erheben
Und hat sie genötigt, die innere Sonne,
Das Licht ihres eigenen Wesens zu leugnen;
So daß nun die Menschen – blind in den Dingen –
Die Größe des großen Erleuchters verkennen.

Nach Versen der manichäischen Handschrift »Kephalaia«
von Lothar Vogel

CHRISTUS – HIMMLISCHES LICHT – SONNE

Uns, die wir in Finsternis begraben lagen
Und im Schatten des Todes verschlossen waren,
Leuchtete vom Himmel ein Licht auf,
Reiner als das der Sonne
Und süßer als das Leben hienieden.
Jenes Licht ist ewiges Leben.
Und alles, was an ihm teilhat, lebt...
Alles ist ein Licht geworden,
Das sich nimmer zum Schlummer neigt.
Der Untergang hat sich in Aufgang verwandelt.
Dies zeigt uns die neue Schöpfung;
Denn die Sonne, sie ist die Gerechtigkeit,
Die das Weltall durcheilt,
Sie durchwandelt so auch die Menschheit,
Gleich ihrem Vater, der allen Menschen
Seine Sonne leuchten läßt.
So läßt sie über den Menschen
Den Tau der Wahrheit herniedertropfen.
Diese Sonne hat den Untergang in Aufgang
verwandelt
Und den Tod zu Leben gekreuzigt...
Vergänglichkeit hat sie verwandelt
In Ewigkeit, und die Erde,
Umgeschaffen, ist sie zum Himmel geworden.

Clemens von Alexandrien (18)

ZUR WINTERSONNENWENDE

O aufgehende Sonne,
Glanz des ewigen Lichtes
Und Sonne der Gerechtigkeit,
Komm und erleuchte
Die im Dunkel sitzen
Und im Schatten des Todes.

Antiphon der Messe zum 21. Dezember
(Wintersonnenwende)

Wie das Licht vom lichtartigen Auge wahrgenommen wird, ... so soll man das Wesen des Weltalls mit der ihm verwandten Vernunft (Logos) begreifen.

Poseidonios
(18)

Moses nennt den göttlichen Logos Sonne, da er das Urbild der Sonne ist, die den Himmel umläuft.

Philo von Alexandria
(18)

8
OSTEN DER WELT – WESTEN DER WELT

FERNÖSTLICHES – INDIANISCHES

Die Menschheit offenbart im Osten leiblich und kulturell-geistig den Kind-heits-Typus. Alles ist Aufgang im zarten Nebelduft der Morgenröte.

Im Westen der Welt herrschen Sonnenuntergangsstimmung, Todeserleben und Aufschwung in nachirdische Geistigkeit.

Die Sonne sinkt.
Die Wasseruhr jagt jach.
Der Mond steigt auf,
Im Strome zu versinken.
Die Sonne kehrt zurück.
Die Gräser blinken.
Der Rabe steht
Noch immer auf dem Dach.

Chinesisch
(Nachdichtung von Klabund)

Die Sonne geht auf,
da arbeiten wir
Die Sonne sinkt,
da rasten wir.

Wir graben Brunnen
und trinken dann.
Des Kaisers Macht,
was geht sie uns an?

China (Dschou-Dynastie)
übersetzt von Olbricht.
(16)

9
AFRIKANISCHES

SONNENGEIST

Im Anfang war die Erde – »das was unter dem Himmel ist« – und wie eine Geschwulst sich am Körper bildet, so wuchs aus ihr ein Berg und preßte und drängte sich heraus, er platzte dann auf, und alle Dinge der Erde und Menschen und Tiere und Pflanzen quollen heraus. All das wurde in einem verschlossenen Sacke gesammelt, den der Wind nun über die Erde hin trieb. Eine neugierige Landkrabbe bohrte sich von innen her mit ihren scharfen Scheren ein Loch durch die Hülle des Sackes, um zu sehen, was auf der Erde vor sich ging, da fiel der ganze Inhalt heraus und verstreute sich ungleich über die Erde. Und ein großer Riese stieg empor, um sich die Erde zu besehen, und dieser Riese war Gott, er hatte lange Haare und Augenbrauen und trug in seiner linken Hand ein großes Buschmesser. Seine Augen waren so hell wie die Sonne, so daß die ganze Erde, auf der es vorher dunkel war, licht wurde. Da dachte Gott nach und sagte sich: »Wenn ich wieder fortgehe, wird alles wieder dunkel werden, denn mein Auge allein ist das Licht der Menschen. Ohne Licht werden sie traurig sein und vielleicht sterben, darum will ich ihnen ein anderes Licht geben«, und er schuf für sie die Sonne, den Mond und die Sterne.

Richard Karutz (17)

DAS LIED DER SONNE

Ich bin die Sonne und singe über die Erde
  der Menschen
sobald der Tag erwacht
Bunt von leuchtenden Pfeilen die viele
  Jahrhunderte lang sind.

Ich sehe die Jahre zerrinnen, die Monde, die Tage,
  Die Menschen geboren werden nackt
  in zahllosen Rhythmen
Tanzen am Abend den Feuertanz.

Wunder entdeckte ich rings um mein Milchbett
Girlanden singender Rosen, nackte Frauen,
  Bekleidete werfen sich auf die Jagd nach dem Glück.
Harmonien des Tages, Harmonien der Nacht,
  Schimmernde Perlen, phosphoreszierende Büschel.

Ich bin die Sonne und tanze über die Erde
  der Menschen
  sobald der Tag sich beeilt.

Ich sehe den Schmetterling flattern über die Wölbung
  der wilden Blumen
  er sucht tausendjährigen Duft
  von dem er sich nährt.

Himmel und Sterne schwächen sich, streiten sich
und das schreckliche Kind murrt und droht,
Ich sehe die Menschen nackt bei unzähligen Riten
tanzen in den Embryonen des Abends
den Feuertanz.

Joseph Miezan Bognini (aus »Schwarzer Orpheus«)
(15)

MAIS

Sonne und Regen
kühner Regen
und helle Sonne
führen die Keime
an ihren Händen
von der Empfängnis
zur Kindheit.

Regen und Sonne
milderer Regen
und kühnere Sonne
hegen der Kornkinder
zärtliches Alter
bis in die Graszeit
ihrer Jugend.

Dichter Regen
heftige Sonne
rühren ihr Maisherz
zu Blüten
und zeigen ihnen
geheime Wege
Flaum zu treiben.

Dann wissen sie mit einem Mal
wie mannigfaltig jedes Maiskorn wachsen kann
und bergen in einem Anfall von Scham
ihr Geheimnis in grünen Scheiden
die bauchen und schwellen
umsorgt von
Regen und Sonne
Sonne und Regen.

Mildester Regen und kühnste Sonne
falten sie und wohnen mit ihnen
bis das Gold mürber Reife
über die kommt – und die Maisernte da ist,
Juni und Regen und Sonne.

Efua Theodora Sutherland (aus »Schwarzer Orpheus«)
(15)

10

DIE SONNE IM KELTEN- UND GERMANENTUM

Wer sich in den Bereich des nordischen Kelten- und Germanentums vertieft, tritt in die Stimmung des Rätselhaften, des Geheimnisvollen, in die Welt tiefster Mysterien ein.

»Weißt du zu ritzen?
Weißt du zu raten?
Weißt du zu finden?
Weißt du zu erforschen?
Weißt du zu bitten?
Weißt du zu bieten?«

(aus Odins Runenlied)

Vieles wird erfragt, vieles wird beantwortet, vieles wird erwandert. Und immer wieder wird nach dem Wesen des Lichtes, nach dem Schicksal der Sonne gefragt.

»Wenn du denn wirklich
sämtlicher Wesen
Wortschatz kennst,
so künde mir Allwiss
Wie die Söhne der Zeit
je nach den Bezirken
Die allen sichtbare Sonne
bezeichnen?

Der Sonne, dem Auf- und Untergang der Gestirne werden im Norden Steinkreise errichtet, Kreuzsteine bezeichnen die kosmische Herrschaft des Königs der Sonne in Irland und Schottland. Yggdrasil – Irminsul – die Säulen der Welt, des Lichts und des Lebens – bezeichnen das Höchste für Welt und Mensch. Der Tod Baldurs, der Tod des Lichtes und seine Wiedergeburt ist die tiefste Frage der nordischen Mysterien.

AUS DEM WEGTAMSLIED

Zum Rate versammelt
Saßen die Asen,
Die Asinnen alle
Und hielten Umsprach
Vermutungen tauschten
Die mächtigen Götter.
Weswegen dem *Balder*
So böses geträumt.

Er schlief so schlecht
Als umschlängen ihn Fesseln;
Des Schlummers Erquickung
Schlug in Qual um.
Da fragten die Fürsten
Vorschauende Wesen
Und forschten, ob es Furchtbares
Vorbedeute.

Die Befragten versetzten:
Früh zu sterben
Ist das Los des liebsten
Der Lieblinge Ullers.
Angst erfaßte
Frigg und Odin
Und die anderen Asen.
Sie wurden einig,

Gesandte zu senden
An sämtliche Wesen
Mit der Bitte, den Balder
Zu schonen mit Schaden.
Ihn nicht zu verletzen
Gelobte jedes,
Und in Eid nahm alle
Odins Gemahlin.

Nun reitet Odin zur
Hehl um das Schicksal
Baldurs zu erfragen.

Odin bei der Wala:
Wegtam heiß' ich,
Der Sohn des Waltam.
Vom Nachtreich drunten
Gib du mir Nachricht
Was oben sich zuträgt,
Will ich dir erzählen.
Für wen sind die Bänke
Belegt mit Bangen,
Der glänzende Gastsaal
Mit Gold überschwemmt?

Wala:
Für Balder steht hier
Schon der Becher bereit,

Drin den schäumenden Met
Ein Schild ihn bedeckt.

In Sorgen verzweifelt
Die Sippe der Asen. –
Das beschworst du mir ab
Nun laß mich schweigen.

Wegtam (Odin):
Schweige nicht Wala
Ich will dich fragen bis alles ich weiß:
Wer ist der Frevler? wer begehet die Tat,
Die dem Balder den Tod gibt,
Den an Jahren so jungen
Schon früh dahinrafft?

Wala:
Hödur trägt in der Hand den Treffer,
Den schädlichen Schößling
Mit dem er's verschuldet,
Daß Balder durchbohrt
Hierher verbannt wird,
Daß Odins Sohne zu altern versagt ist
Beschwörung entlockt mir's –
Nun laß mich schweigen.

Aus der Edda nach Jordan

GÖTTERDÄMMERUNG, DER TOD DES LICHTES

Die Sonne verschwält
Und beginnt sich zu schwärzen
Die Erde sinkt in die See hinunter,
Am Himmel erlöschen die leuchtenden Sterne;
Die Lohe umwütet den Lebensbewahrer;
Bis zum Himmel leckt die lodernde Glut.

Doch enttauchen seh' ich
In kommenden Tagen
Dem Grunde des Meeres
Die grünende Erde, die fallende Flut
Überfliegt der Fischaar,
Der die Beute gefangen im Felsengebirge
Da finden sich die Asen auf Idafelde,
Um über den Wurm,
Der gewunden den Erdkreis
Umzingelt hält,
Gericht zu halten.
Der weiland gewirkten
Großen Werke
Gedächtnis erwacht;
Auch gedenken sie wieder
Der in sinnigen Sprüchen
Vom Sagengotte

In alten Zeiten
Erzählten Mären.

Da werden sich wieder
Die wundersamen
Goldenen Würfel im Grase finden,
Die im Zeitenbeginne
Die Götter besaßen.

Der Acker trägt
Unbesät Getreide,
Verbannt ist Böses
Heim kehrt Balder;
Beisammen in Odins
Siegessaale,
Der hohen Halle
Der Heeresgötter,
Wohnen die beiden,
Baldur und Hödur
Wisset ihr, was das
In Wahrheit bedeutet?

– – –

Ich seh einen Saal,
Schöner als die Sonne,
Belegt mit Gold,
Im Lee der Glutwelt.
Da werden wohnen
Die würdig bewährten

Und nimmer gefristeter
Freude genießen.
Dann kommt jener Fürst
Zum Gericht gefahren,
Der Höchste von oben,
Der alles beherrscht.*
Urteil beschließt er,
Schlichtet Zwiste
Und sichert Ordnung
Mit ewiger Satzung.
– – –
Doch da kommt schon beschwingt
Der schwarze Drache,
Die flinke Natter
Herangeflogen.
Aus Nidafels.
Der nagende Neidwurm
Überfliegt die Fluren
Und trägt auf den Flügeln
Tote. – Nun taucht
In die Tiefe die Wala.

(Völuspa nach Jordan)

* Hinweis auf Christus

SONNE

Das Auge des großen Gottes,
Das Auge des Gottes des Glanzes,
Das Auge des Königs der Heerscharen,
Das Auge des Königs alles Lebendigen

Flutend über uns
jederzeit
durch alle Jahreszeiten,
flutend über uns
sanft und großzügig.

Heil sei dir,
du herrliche Sonne.

Heil sei dir, du Sonne,
du Antlitz Gottes,
der über allem Lebendigen ist.

Alexander Carmichael
(keltische Sonnenhymne, deutsch von Martin Sandkühler)
(6)

AN DIE SONNE

Sonne, die du rollest dort oben,
Rund wie der Schild meines Vaters,
Woher sind deine Strahlen,
Woher dein unverlöschendes Licht?

Du steigest empor in schrecklicher Schönheit
Die Sterne verbergen sich tief in den Himmel,
Der Mond, fröstelnd und bleich
Sinkt in die westliche Woge,
Aber du schreitest dahin allein,
Wer kann Gefährte dir sein auf deiner Bahn?

Ossian
(26)

11

SONNENERLEBEN DER RENAISSANCE

Blind ist, wer die Sonne nicht sieht,
thöricht ist, wer sie nicht kennt,
armselig, wer ihr nicht dankt.
Sie ist das Licht,
sie ist das Gute,
sie ist das Heil.
Aus ihr strahlt,
aus ihr wirkt,
aus ihr spendet
der Herr der Sinne,
der Vater des Seins,
der Lebenswirker.

Giordano Bruno
(Entthronung der Bestie)
(4)

DER SONNENGESANG DES FRANZ VON ASSISI

Herr Gott ich preise, Dich im stillen
um Deiner Werke Pracht,
insonderheit der goldnen Sonne willen,
die Du gemacht!
Denn schön ist meine königliche Schwester,
gibt Morgenrot und Mittagshelligkeit,
Den Abendhimmel als der Künstler bester
malt sie mit glühnden Farben allezeit.
Des Lenzes Blüten und des Sommers Ähren,
des Herbstes Trauben dank ich ihr,
kein anderes Geschöpf zu Deinen Ehren
spricht lauter mir.

Herr Gott ich preise Dich im stillen
um Deiner Werke Pracht,
des Bruder Mondes und der Sterne willen,
die Du gemacht!
Denn sie verklären meiner Nächte Dunkel,
und Frieden trinkt das Herz;
blick ich empor, löst freundlich ihr Gefunkel
mir jeden Schmerz.
Ich schau das Bild der Ewigkeiten,
Im Sternenschein,
und nimmer kann im Wandel ich der Zeiten
ganz ungetröstet sein.

Herr Gott ich preise Dich im stillen
um Deiner Werke Pracht
und um der Luft, der holden Schwester willen,
die Du gemacht!
Sie blickt mit sanftem Auge zu mir nieder,
umkost mich lind
und tränkt mit Lebensodem meine Glieder
im Sommerwind.
Sie trägt die Wolken über alle Länder
mit mütterlichem Sinn
und läßt sie Regen träufeln, Segensspender
zur Erde hin.

Herr Gott ich preise Dich im stillen
um Deiner Werke Pracht
und um des Feuers meines Bruders willen,
das Du gemacht!
Denn, schön und stark weiß er die Kraft der Erze
zu bändigen in seiner roten Glut,
demütig, milde leuchtet mir die Kerze;
in treuer Hut
erwärmt er meine winterliche Zelle,
bereitet mir das Mahl,
verscheucht die Dunkelheit mit froher Helle
aus Kammer, gang und Saal.

Herr Gott ich preise Dich im stillen
um Deiner Werke Pracht,
auch um des Wassers,
    meiner Schwester willen,
das Du gemacht!
Denn sie ist keusch
    und aufrichtig von Herzen,
und alles Schöne nimmt sie freudig auf,
verklärt's durch rhythmisch-heitres Spiel
    und Scherzen
im Wellenlauf.
Dem Wandrer labt sie
    in der Sonne Gluten
der Zunge Trockenheit
und kühlt die Glieder
    wohlig in den Fluten
ihm hilfsbereit.

Die Sonne tönt nach alter Weise
In Brudersphären Wettgesang,
Und ihre vorgeschriebne Reise
Vollendet sie mit Donnergang.
Ihr Anblick gibt den Engeln Stärke,
Wenn keiner sie ergründen mag;
Die unbegreiflich hohen Werke
Sind herrlich wie am ersten Tag.

Und schnell und unbegreiflich schnelle
Dreht sich umher der Erde Pracht;
Es wechselt Paradieses-Helle
Mit tiefer schauervoller Nacht;
Es schäumt das Meer in breiten Flüssen
Am tiefen Grund der Felsen auf,
Und Fels und Meer wird fortgerissen
In ewig schnellem Sphärenlauf.

Und Stürme brausen um die Wette,
Vom Meer aufs Land, vom Land aufs Meer
Und bilden wütend eine Kette
Der tiefsten Wirkung rings umher.
Da flammt ein blitzendes Verheeren
Dem Pfade vor des Donnerschlags;
Doch deine Boten Herr verehren
Das sanfte Wandeln deines Tags.

Der Anblick gibt den Engeln Stärke
Da keiner dich ergründen mag,
Und alle deine hohen Werke
Sind herrlich wie am ersten Tag.

Goethe
(Faust I, Prolog im Himmel)
(12)

13
GOETHEANISTISCHES

GEIST SIND SONNEN

Der wahre Geist ist nicht allein, er ist mit den Geistern, – so wie er ausstrahlt, so strahlt es ihn wider, seine Erzeugnisse sind Geister, die ihn wieder erzeugen.

Geist sind Sonnen, die einander strahlen, – Licht nimmt Licht auf, – Licht sehnt sich nach Licht, – Licht geht über ins Licht, – Licht vergeht im Licht. – Vielleicht ist das die Liebe. –

Was sich nach Licht sehnt, ist nicht lichtlos, denn die Sehnsucht ist schon Licht, die Rose trägt das Licht in der Knospe verschlossen. –

Die Schönheit, die sinnlich vergeht, die hat einen Geist, der sich weiter entwickeln will, der Rose Geist steigt höher, wenn ihre Schönheit verblühte. – Im Geist blühen tausend Rosen, die Sinne sind der Boden, aus dem das Schöne in den Geist aufblüht, die Sinne tragen die Rosen, sie blühen in dem Geist auf. – Der Geist ist der Äther der Sinne.

Bettina von Arnim
(aus: »Die Günderode«)
(1)

DEM SONNENGOTT

Wo bist du? trunken dämmert die Seele mir
Von aller deiner Wonne; denn eben ist's,
Daß ich gesehn, wie, müde seiner
Fahrt, der entzückende Götterjüngling

Die jungen Locken badet' im Goldgewölk;
Und jetzt noch blickt mein Auge von selbst nach ihm;
Doch fern ist er zu frommen Völkern,
Die ihn noch ehren, hinweggegangen.

Dich lieb' ich, Erde! trauerst du doch mit mir!
Und unsre Trauer wandelt, wie Kinderschmerz,
In Schlummer sich, und wie die Winde
Flattern und flüstern im Saitenspiele.

Bis ihm des Meisters Finger den schönen Ton
Entlockt, so spielen Nebel und Träum' um uns,
Bis der Geliebte wiederkömmt und
Leben und Geist sich in uns entzündet.

Hölderlin
(14)

GEH UNTER, SCHÖNE SONNE

Geh unter, schöne Sonne, sie achteten
Nur wenig dein, sie kannten dich, Heil'ge, nicht,
Denn mühelos und stille bist du
Über den Mühsamen aufgegangen.

Mir gehst du freundlich unter und auf, o Licht!
Und wohl erkennt mein Auge dich, herrliches!
Denn göttlich stille ehren lernt' ich,
Da Diotima den Sinn mir heilte.

O du, des Himmels Botin! wie lauscht' ich dir!
Dir, Diotima! Liebe! wie sah von dir
Zum goldnen Tage dieses Auge
Staunend und dankend empor. Da rauschten

Lebendiger die Quellen, es atmeten
Der dunkeln Erde Blüten mich liebend an,
Und lächelnd über Silberwolken
Neigte sich segnend herab der Äther.

Hölderlin
(14)

Welcher Lebendige,
Sinnbegabte,
Liebt nicht vor allen
Wundererscheinungen
Des verbreiteten Raums um ihn
Das allerfreuliche Licht –
Mit seinen Strahlen und Wogen
Seinen Farben,
Seiner milden Allgegenwart
Im Tage.
Wie des Lebens
Innerste Seele
Atmet es die Riesenwelt
Der rastlosen Gestirne
Die in seinem blauen Meere Schwimmen,
Atmet es der funkelnde Stein,
Die ruhige Pflanze
Und der Tiere
Vielgestaltete,
Immerbewegte Kraft –
Atmet es vielfarbige
Wolken und Lüfte
Und vor allen
Die herrlichen Fremdlinge
Mit den sinnvollen Augen
Dem schwebenden Gange
Und dem tönenden Munde.

Wie ein König
Der irdischen Natur
Ruft es jede Kraft
Zu zahllosen Verwandlungen
Und seine Gegenwart allein
Offenbart die Wunderherrlichkeit
Des irdischen Reichs.

Novalis
(aus: Hymnen an die Nacht)
(21)

Der Winter weicht, ein neues Jahr
Steht an der Krippe Hochaltar.
Es ist das erste Jahr der Welt
Die sich das Kind erst selbst bestellt.

Die Augen sehn den Heiland wohl
Und doch sind sie des Heilands voll,
Von Blumen wird sein Haupt geschmückt
Aus denen er selbst holdselig blickt.

Er ist der Stern, er ist die Sonn,
Er ist des ewgen Lebens Bronn,
Aus Kraut und Stein und Meer und Licht
Schimmert sein kindlich Angesicht.

In allen Dingen sein kindlich Tun.
Seine heiße Liebe wird nimmer ruhn,
Er schmiegt sich seiner unbewußt
Unendlich fest an jede Brust.

Novalis
(aus den geistlichen Liedern)
(21)

BALLADE

Und die Sonne machte den weiten Ritt
Um die Welt,
Und die Sternlein sprachen: »Wir reisen mit
Um die Welt.«
Und die Sonne schalt sie: »Ihr bleibt zu Haus,
Denn ich brenn euch die goldnen Äuglein aus
Bei dem feurigen Ritt um die Welt.

Und die Sternlein gingen zum lieben Mond
In der Nacht,
Und sprachen: »Du, der auf Wolken thront
In der Nacht,
Laß uns wandeln mit dir, denn dein milder Schein,
Er verbrennet uns nimmer die Äugelein.«
Und er nahm sie, Gesellen der Nacht.

Nun willkommen, Sternlein und lieber Mond,
In der Nacht.
Ihr versteht, was still in den Herzen wohnt
In der Nacht.
Kommt und zündet die himmlischen Lichter an,
Daß ich lustig mitschwärmen und spielen kann
In den freundlichen Spielen der Nacht.

Ernst Moritz Arndt
(19)

Mitten in dem Reiche des Seins
Stehet eine Sonne,
welche Alles trägt und hält,
Alles belebt und bewegt
und es ist ein Auge,
selber von Sonnennatur,
für jene Sonne gemacht.
Die Sonne ist Gott.
Das Auge ist die Seele.

G. H. von Schubert
(aus: Geschichte der Seele)

13

DIE SONNE SCHAUE

WINTERSONNENWENDE

Die Sonne schaue
Um mitternächtige Stunde.
Mit Steinen baue
Im leblosen Grunde.

So finde im Niedergang
Und in des Todes Nacht
Der Schöpfung neuen Anfang,
Des Morgens junge Macht.

Die Höhen laß offenbaren
Der Götter ewiges Wort;
Die Tiefen sollen bewahren
Den friedevollen Hort.

Im Dunkel lebend
Erschaffe eine Sonne.
Im Stoffe webend
Erkenne Geistes Wonne.

Rudolf Steiner
(29)

LIED DER SONNE

Ich bin die Mutter Sonne und trage
Die Erde bei Nacht, die Erde bei Tage.
Ich halte sie fest und strahle sie an,
Daß alles auf ihr wachsen kann.
Stein und Blume, Mensch und Tier,
Alles empfängt sein Licht von mir.
Tu auf dein Herz wie ein Becherlein,
Denn ich will leuchten auch dort hinein!
Tu auf dein Herzlein, liebes Kind,
Daß wir ein Licht zusammen sind!

Christian Morgenstern (20)

SONNE

Morgensonne, nicht mit Erdenaugen
Kann ich deine Goldkraft in mich saugen:
Sie erblinden diesseits dieser Furt.
Doch getragen in die Vorgeburt
Schau ich: in den ungeheuren Weiten
Weilt noch, was ich war, in den Gezeiten,
Da mein Wesen wallte unbegrenzt,
Sonne als mein Weltenherz geglänzt:
Ungeboren leb' ich noch im Licht!
Aber Ungebor'ne sterben nicht.

Albert Steffen (27)

Der Sonne Licht,
Es hellt den Tag
Nach finst're Nacht:
Der Seele Kraft,
Sie ist erwacht
Aus Schlafes Ruh':
Du meine Seele,
Sei dankbar dem Licht,
Es leuchtet in ihm
Des Gottes Macht;
Du meine Seele,
sei tüchtig zur Tat.

Rudolf Steiner
(29)

O, dunkel ist der Erde Antlitz,
Wenn die Sonne blendend dunkelt.
Doch hell wird mir mein Tagefeld,
Wenn die Seele es beleuchtet
Durch Sternenweisheit.

Rudolf Steiner
(29)

Sonne, du strahlentragende,
Deines Lichtes Stoffgewalt
Zaubert Leben aus der Erde
Unermeßlich reichen Tiefen.

Herz, du seelentragendes,
Deines Lichtes Geistgewalt
Zaubert Leben aus des Menschen
Unermeßlich tiefem Innern.

Schau ich in die Sonne,
Spricht ihr Licht mir strahlend
Von dem Geiste, der gnadevoll
Durch Weltenwesen waltet.

Fühl' ich mein Herz,
Spricht der Geist sein Eigenwort
Von dem Menschen, den er liebt
Durch alle Zeit und Ewigkeit.

Sehen kann ich aufwärtsblickend
In der Sonne hellem Rund
Das gewalt'ge Weltenherz.

Fühlen kann ich einwärtsschauend
In des Herzens warmem Schlag
Die beseelte Menschensonne.

Rudolf Steiner
(29)

LITERATUR- UND QUELLENANGABEN

Die in Klammern gesetzten Zahlen unter den einzelnen Beiträgen beziehen sich auf die Numerierung der hier aufgeführten Literatur- und Quellenangaben.

1 ARNIM, Bettina von: Die Günderode, Leipzig 1925

2 BLATTMANN, Georg: Die Sonne, Gestirn und Gottheit. Stuttgart 1972

3 BRENTANO, Franz und Max Lehrs: Der Sonnengesang des Franz von Assisi. Stuttgart 1962

4 BUDZINSKI-WECKER: Giordano-Bruno-Buch, Oldesloe 1927

5 BURCKHARDT, Georg E.: Gilgamesch. Eine Erzählung aus dem alten Orient. Leipzig o. J.

6 CARMICHAEL, Alexander: The Sun dances, London 1960

7 CARRIERE, Moriz: Die Anfänge der Kultur und das orientalische Altertum, Leipzig 1863

8 CERAM, C. W.: Enge Schlucht und Schwarzer Berg. Hamburg 1955

9 EIGL, Kurt: Die klassischen Gedichte der Weltliteratur, Stuttgart o. J.

10 EINIGER, Christoph: Die schönsten Gebete der Welt, München 1964

11 Gedichte des Abendlandes, Frankfurt 1961

12 GOETHE, Joh. Wolfg. v.: Werke, München 1981

13 GSÄNGER, Hans: Delphi. Freiburg 1962

14 HÖLDERLIN, Friedrich: Werke
15 JAHN, Janheinz: Schwarzer Orpheus. München 1964
16 JUNCKER (Übers.): Lyrik des Ostens, München 1952
17 KARUTZ, Richard: Schriften zur Völkerkunde IV »Des schwarzen Mannes Märchenweisheit«, Stuttgart 1929
18 KELBER, Wilhelm: Logoslehre, Stuttgart 1976
KLABUND: Chinesische Gedichte, Zürich 1954
19 MARTIN, Bernh.: Unter dem Sternenhimmel, Kassel 1949
20 MORGENSTERN, Christian: Klein Irmchen, Basel 1978
21 NOVALIS (Friedr. v. Hardenberg): Werke. München 1968
22 PLATEN, Aug. v.: Werke (1. Band), Leipzig und Wien o. J.
23 RÜDIGER, Horst: Griechische Gedichte, München o. J.
24 SCHARFF: Ägyptische Sonnenlieder. Aus Pyramidentexten des 3. Jahrtausends v. Chr.
25 SHAKESPEARE, William: Werke (Troilus und Cressida, 1. Akt, 3. Szene)
26 SPUNDA, Franz: Ossians Werke, Leipzig 1924
27 STEFFEN, Albert: Wegzehrung (Gedichte), Dornach 1964
28 STEIN, Nora: Aus Michaels Wirken. Stuttgart 1929
29 STEINER, Rudolf: Wahrspruchworte (GA 40), Dornach 1980
30 STEINER, Rudolf: Okkulte Geschichte (GA 126), Dornach 1975

Wir danken allen Verlagen, soweit es sich nicht um freie Beiträge handelt, für die freundlich erteilte Abdruckerlaubnis.